Made in the USA
San Bernardino, CA
05 December 2019

60950412R00062